Australie

Voyages autour du monde

Linda Pickwell

Éditions SCHOLASTIC

Catalogage avant publication de Bibliothèque et Archives Canada

Pickwell, Linda

   Australie / Linda Pickwell ; texte franç[...] Hillaret.

(Voyages autour du monde)
Traduction de: Australia.
Comprend un index.
Public cible: Pour les 8 à 12 ans.
ISBN 978-1-4431-0119-6

1. Australie--Descriptions et voyages--Ouvrages pour la jeunesse.
2. Australie--Ouvrages illustrés--Ouvrages pour la jeunesse.
I. Titre.

DU105.2 P5314 2010   j919.404'70222   C2009-904403-X

Pour toute information concernant les droits, s'adresser à QED Publishing, 226 City Road, Londres, EC1V 2TT, R.-U.

Édition publiée par les Éditions Scholastic,
604, rue King Ouest, Toronto (Ontario) M5V 1E1

5 4 3 2 1   Imprimé en Chine   10 11 12 13 14

Crédits photographiques :
Légende : h = haut, b = bas, c = centre, g = gauche, d = droite

Ecoscene /Kjell Sandved 5hd, /Papilio/R Pickett 6, /Neeraj Mishra 30hg, /Karl Ammann 11h, 30hd, /Sally Morgan 15, 30bd, /Luc Hosten 22, /Kjell Sandved 23hd, /Papilio/Robert Gill 26, /Luc Hosten 28bg, /Stephen Coyne 29
Getty Images Couverture, Michael Wong, /Jack Hollingsworth 4–5, 30bg, /Johnny Johnson 7, /K Begg 8-9, /9cd, /Art Wolfe 11b, /Stan Osolinski 12-13, /Johan Elzenga 14, /Pascal Crapet 16, /Johan Elzenga 17, /Harald Sund 1, 18-19, /Daryl Balfour 20, /Renee Lynn 21, /Tim Davis 23bg, /Gavriel Jecan 24bg, /Art Wolfe 24-25, /Douglas-Hamilton 28hd
Ardea /D.Parer & E. Parer-Cook 10
Corbis Bob Walden 7bd,10,/Keven Fleming 11bd/ Paul A. Souders 12, /Photowood inc 17h,/ Charles O' Rear 22hg,/John Van Hasselt 25bd,/ Robert Essel 27hd
Autres photographies Jean Coppendale, couverture, 3

Les mots en **gras** sont expliqués dans le glossaire page 28.

Sommaire

Où se trouve l'Australie? 4

À quoi ressemble l'Australie? 6

Le climat 8

La faune et la flore 10

Visiter l'Australie 12

Visiter les villes 14

Visiter Sydney 16

La Grande Barrière de corail 18

Voyager le long du fleuve Murray 20

La Barossa Valley 22

Alice Springs et Uluru 24

Les Aborigènes 26

Glossaire 28

Index 29

Idées d'activités pour les enfants 30

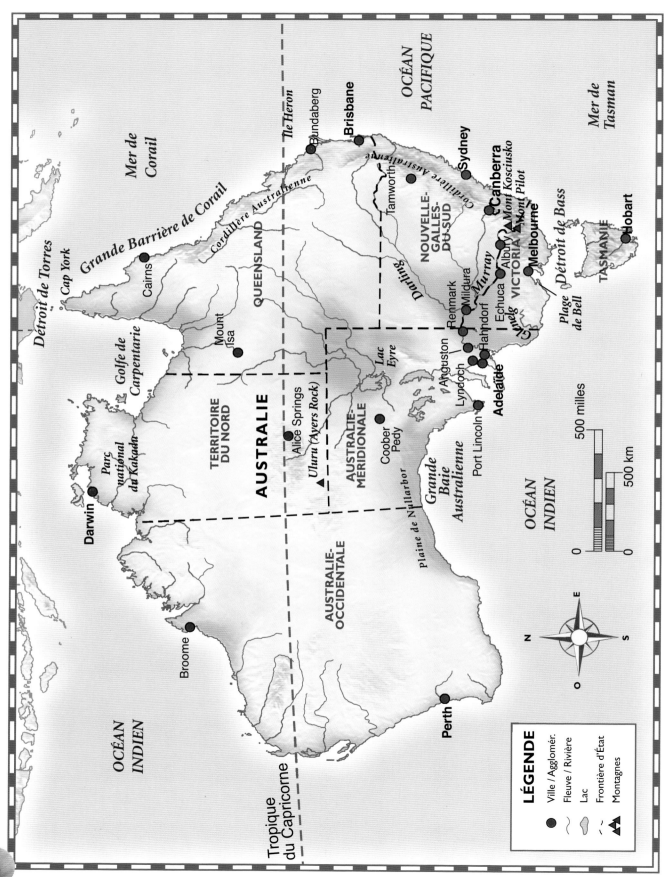

LÉGENDE

Ville / Agglomér.: ●
Fleuve / Rivière
Lac
Frontière d'État
Montagnes

OCÉAN PACIFIQUE

Mer de Tasman

Mer de Corail

Île Heron

Bundaberg

Brisbane

Sydney

Canberra

Mont Kosciusko
Mont Pilot

Melbourne

Détroit de Bass

TASMANIE

Hobart

Cordillère Australienne

Tamworth

NOUVELLE-GALLES-DU-SUD

Darling

Murray

Renmark

Mildura

Echuca

Albury

Hahndorf

VICTORIA

Glenelg

Plage de Bell

Anguston

Lyndoch

Adélaïde

Port Lincoln

Grande Barrière de Corail

Cordillère Australienne

Cap York

Cairns

QUEENSLAND

Mount Isa

Golfe de Carpentarie

Détroit de Torres

Lac Eyre

TERRITOIRE DU NORD

AUSTRALIE

Alice Springs

Uluru (Ayers Rock)

AUSTRALIE-MÉRIDIONALE

Coober Pedy

Grande Baie Australienne

Plaine de Nullarbor

OCÉAN INDIEN

Parc national du Kakadu

Darwin

AUSTRALIE-OCCIDENTALE

Broome

Perth

Tropique du Capricorne

OCÉAN INDIEN

500 milles

500 km

N
E
O
S

4

Où se trouve l'Australie?

L'Australie se trouve au sud du **continent** asiatique. C'est l'un des plus grands pays du monde. Environ 20 millions de personnes vivent en Australie, la majorité dans les villes proches du littoral.

Le sais-tu?

L'île de Tasmanie fait partie de l'Australie. Elle est située à 300 km au large de la côte sud-est, près de Melbourne. Il y a très longtemps, elle était reliée à l'Australie, mais elle s'en est détachée après la dernière ère glaciaire, au moment de la formation du détroit de Bass à la suite de la montée du niveau de la mer.

▼ L'Australie dans le monde

Australie

▲ Le drapeau australien

Le sais-tu?

Nom officiel
Fédération (Commonwealth) d'Australie
Situation
Sud de l'Asie
Pays environnants
Papouasie-Nouvelle-Guinée, Indonésie et Malaisie au nord, Nouvelle-Zélande au sud-est
Océans environnants
Océan Pacifique, océan Indien
Longueur des côtes 25 760 km
Capitale Canberra (dans le Territoire de la Capitale d'Australie)
Superficie 7 772 535 km^2
Population 20 000 000 habitants
Espérance de vie Hommes 75 ans, femmes 80 ans
Religion Chrétiens
Langues Anglais australien et beaucoup de langues aborigènes
Climat Généralement aride, tempéré au sud et à l'est, **tropical** au nord
Plus haut sommet
Mont Kosciusko (2 228 m)
Principaux fleuves Murray (longueur : 1 930 km), Darling (longueur : 1 879 km)
Monnaie Dollar australien

À quoi ressemble l'Australie?

Les régions

L'Australie est le continent le plus plat et le plus sec de la Terre. C'est un pays immense et spectaculaire qui, en bon nombre d'endroits, paraît complètement désert. Rien de surprenant puisque 90 % de la population vit dans les villes proches du littoral.

L'Australie est un pays où la nature est d'une grande beauté. Elle héberge les animaux les plus étranges de la planète et aussi les plus attirants.

▼ Le district de Kimberley dans le nord-ouest de l'Australie est l'une des dernières régions sauvages du monde.

L'Australie est composée d'États et de Territoires qui doivent leur développement et leur nom aux explorateurs venus s'établir dans ce nouveau monde. Le continent comprend six régions : Nouvelle-Galles-du-Sud, Victoria, Queensland, Australie-Méridionale, Australie-Occidentale et Territoire du Nord.

L'outback

Les trois quarts du pays se composent de vastes zones désertiques qu'on appelle là-bas l'outback (l'**intérieur**). Ce sont des endroits peu peuplés. Les personnes qui y vivent travaillent surtout dans des ranchs, des fermes pratiquant l'élevage du bétail – moutons ou vaches.

L'Australie-Occidentale

Le vaste **plateau** à l'intérieur de l'Australie-Occidentale est riche en roches et minéraux anciens. Depuis la découverte de cette région, les mineurs ont supporté la chaleur et l'inconfort dans l'espoir de trouver de l'or. L'Australie est le plus grand producteur industriel d'opale et de diamants du monde.

La cordillère Australienne

Cette chaîne montagneuse s'étend du cap York, à la pointe nord du Queensland, jusqu'au détroit de Bass dans le sud du pays.

Le grand Bassin artésien

Cette vaste étendue plate se déploie du golfe de Carpentarie au nord à l'embouchure du fleuve Murray au sud. Autrefois, c'était une mer intérieure.

▲ La formation rocheuse des Trois Sœurs se trouve à Katoomba dans les Blue Mountains près de Sydney. La nuit, elles sont illuminées.

L'Australie possède un certain nombre de parcs nationaux. Jon a visité celui de Kakadu et en a parlé à son correspondant.

Hier, j'ai visité le parc national de Kakadu où a été tourné le film *Crocodile Dundee*. J'ai vu la grotte et ses peintures réalisées par les Aborigènes, puis j'ai fait une promenade en bateau pour voir les oiseaux et les crocodiles. C'était impressionnant!

◄ Les crocodiles australiens courent très vite sur la terre ferme et sont capables de sauter hors de l'eau pour saisir et noyer leur proie.

Le climat

Un petit tour du pays

L'Australie jouit d'un climat tropical ou presque tropical. Le pays est occupé aux deux tiers par du désert ou de la savane arbustive. Ce sont des régions peu arrosées où les journées sont chaudes mais les nuits froides. L'intérieur reçoit également peu de pluies et connaît de longues périodes de sécheresse. La pluie est essentielle, car elle permet aux plantes et aux animaux de survivre.

Les saisons

En Australie, l'été dure de décembre à février; il fait chaud dans tout le pays. Si tu es là-bas à Noël, tu iras peut-être à la plage. L'hiver dure de juin à août; c'est la période de l'année la plus fraîche et la plus humide.

Le Nord

Les gens qui vivent dans le Nord disent qu'il n'y a que deux saisons, la saison sèche et la saison humide. Pendant la saison humide, d'octobre à mars, la **mousson** peut apporter des pluies et même provoquer des cyclones. L'humidité est également très forte et les moustiques foisonnent.

Le Sud

Les régions du Sud connaissent des étés chauds et des hivers doux.

L'Est

Les vents qui soufflent de l'océan Pacifique à travers la cordillère Australienne apportent de fortes pluies à la fin du printemps, en été et au début de l'automne.

▼ Quelques plantes indigènes parviennent à survivre dans les régions semi-désertiques.

Températures maximales

Ville	Janvier	Avril	Juillet	Octobre
Darwin	32 °C	33 °C	31 °C	34 °C
Perth	29 °C	24 °C	17 °C	21 °C
Melbourne	26 °C	20 °C	13 °C	19 °C
Brisbane	29 °C	26 °C	20 °C	27 °C

Pluviométrie mensuelle moyenne

Ville	Janvier	Avril	Juillet	Octobre
Darwin	386 mm	97 mm	0 mm	51 mm
Perth	8 mm	43 mm	170 mm	56 mm
Melbourne	48 mm	58 mm	48 mm	66 mm
Brisbane	163 mm	94 mm	56 mm	64 mm

▼ Surfer's Paradise, au sud de Brisbane, est une plage très fréquentée.

La faune et la flore

Des plantes et des animaux uniques

Un des principaux attraits de l'Australie est son incroyable variété de plantes et d'animaux étranges. Par exemple, l'ornithorynque qui ressemble à une créature fantastique de livres pour enfants. Il existe plus de 25 000 espèces de plantes et environ 250 000 espèces d'animaux en Australie.

Les forêts tropicales de l'Est sont l'un des plus anciens **écosystèmes** du monde. Le kangourou arboricole (dendrolague) et l'ornithoptère vivent dans cet habitat.

Le bush australien

À proximité des côtes, dans l'Est, le Sud-Est et le Sud-Ouest se trouvent des étendues de buissons serrés et d'arbres isolés que l'on prénomme le bush. Des eucalyptus poussent dans ces régions; ils survivent à la sécheresse, aux feux de broussailles et à la terre pauvre. Les kangourous gris et les koalas ne vivent que dans le bush.

L'Australie est célèbre pour ses **marsupiaux**. Ils sont éteints partout ailleurs dans le monde, excepté en Amérique du Sud. Les plus connus sont le koala, le wallaby, le kangourou, l'opossum et le wombat. Des oiseaux comme les kookaburras, les perroquets et les perruches vivent aussi dans le bush.

Des créatures dangereuses

Tu trouveras plus d'araignées et de reptiles dangereux en Australie que partout ailleurs dans le monde. L'araignée la plus redoutable est le tétranyque, et le serpent le plus venimeux est le taïpan. L'animal le plus dangereux pour l'homme est le crocodile marin du nord de l'Australie.

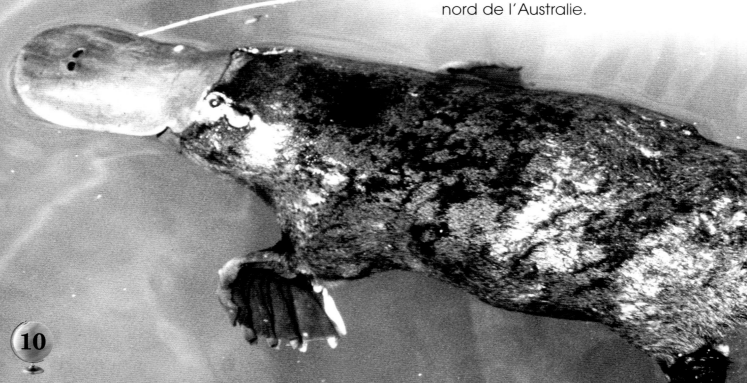

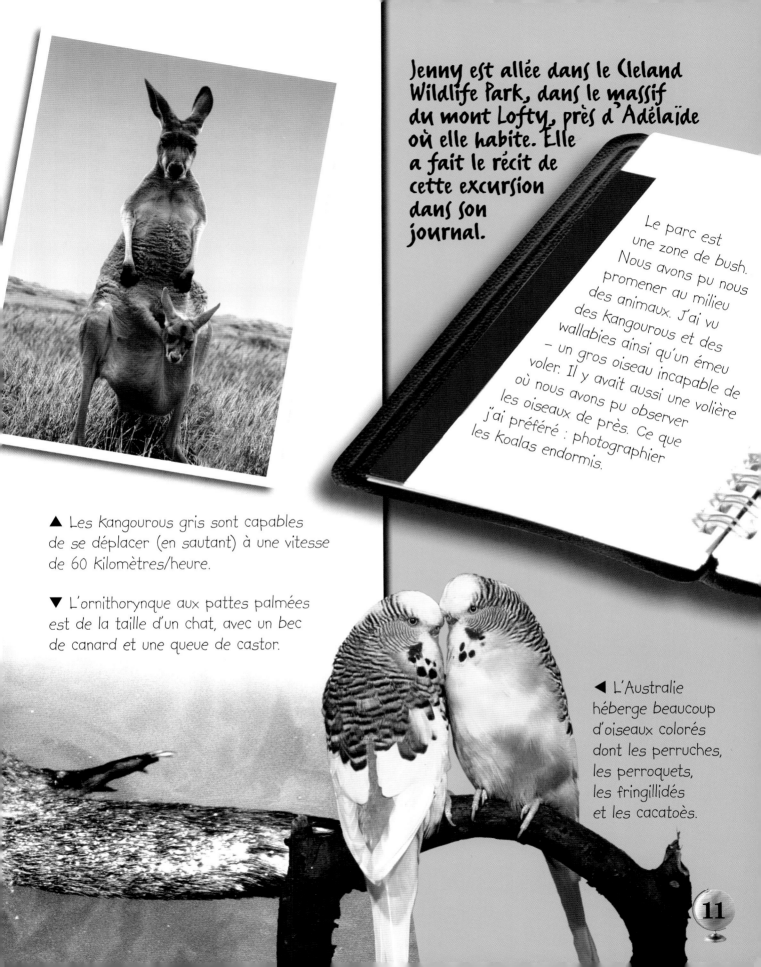

Jenny est allée dans le Cleland Wildlife Park, dans le massif du mont Lofty, près d'Adélaïde où elle habite. Elle a fait le récit de cette excursion dans son journal.

Le parc est une zone de bush. Nous avons pu nous promener au milieu des animaux. J'ai vu des kangourous et des wallabies ainsi qu'un émeu – un gros oiseau incapable de voler. Il y avait aussi une volière où nous avons pu observer les oiseaux de près. Ce que j'ai préféré : photographier les koalas endormis.

▲ Les kangourous gris sont capables de se déplacer (en sautant) à une vitesse de 60 kilomètres/heure.

▼ L'ornithorynque aux pattes palmées est de la taille d'un chat, avec un bec de canard et une queue de castor.

◄ L'Australie héberge beaucoup d'oiseaux colorés dont les perruches, les perroquets, les fringillidés et les cacatoès.

Visiter l'Australie

En avion

L'Australie compte plusieurs aéroports internationaux à Sydney, Melbourne, Perth, Brisbane, Cairns, Adélaïde, Darwin et Hobart en Tasmanie. En 1934, la compagnie aérienne QANTAS a été l'une des premières du monde à effectuer des vols internationaux.

Le pays est tellement vaste et les trains tellement lents que 80 % des Australiens se déplacent en avion. Les petits aéroports sont nombreux et l'avion est une solution très pratique si tu ne prévois pas de rester longtemps dans le pays.

▼ *En 1885, le tram de Melbourne effectue son premier trajet du centre-ville jusqu'à la banlieue. Aujourd'hui, le tram est un moyen de transport très fréquenté.*

▶ *John Flynn a créé le service de médecine volante en 1928.*

Le médecin volant

Pour beaucoup de gens qui vivent à l'intérieur du pays, l'hôpital le plus proche est parfois à plusieurs heures de voiture. Pour surmonter ce handicap, un service de médecine volante a été mis sur pied. Les médecins utilisent de petits avions légers pour se rendre dans les fermes isolées.

En train

Le réseau ferré australien ne dessert pas toutes les régions. Les lignes principales longent les côtes. Une grande ligne traverse le pays, des principales villes du Sud jusqu'à Darwin. Passer la nuit dans le train est une aventure intéressante et beaucoup de touristes

Trajet	Distance	Durée du vol
Sydney-Perth	3 400 km	5 heures
Adélaïde-Darwin	2 600 km	3 heures ½

choisissent ce mode de transport pour visiter certaines régions. Les trains qui offrent ce service sont de véritables hôtels sur roues. L'un des plus connus est l'Indian Pacific Train qui met trois jours pour relier Sydney à Perth. Le train traverse la **plaine** de Nullarbor, une partie du Grand Désert de Victoria en Australie-Occidentale, sur la voie ferrée droite la plus longue du monde.

Par la route

Aujourd'hui, les capitales de toutes les régions sont reliées par un réseau de grandes routes. La plupart des marchandises sont transportées en camions qui comportent parfois cinq remorques. Beaucoup d'Australiens possèdent une voiture. Dans les villes, les déplacements se font en voiture, en autobus et en tram. Sydney possède un monorail sur coussins d'air.

Visiter les villes

▶ Canberra héberge
la Haute Cour d'Australie
et l'Université Nationale.
C'est aussi le centre
financier du pays et
le siège du gouvernement.

▼ Adélaïde accueille de
nombreux festivals d'art.

Canberra

Canberra est la capitale de l'Australie, dans l'État
de Nouvelle-Galles-du-Sud. À l'origine, c'était
un petit ranch de moutons au bord de la rivière
Molonglo. C'est le centre politique du pays, une ville
moderne, avec des magasins et des restaurants
et, dans ses environs, plusieurs parcs nationaux.

Adélaïde

En 1836, la plaine située au pied du mont Lofty
a été choisie pour construire la ville d'Adélaïde,
capitale de l'Australie-Méridionale. Tu y verras
de nombreux édifices publics du XIXe siècle,
dont la bibliothèque de l'État, le musée et
la galerie d'art. Bien que fière de son passé,
Adélaïde est une ville très moderne avec de
nombreux magasins et théâtres.

▲ Perth est une ville où l'on peut pratiquer *beaucoup d'activités, dont le surf, la pêche, la régate et aussi aller observer les baleines à bosse.*

Perth

Perth, sur la côte ouest, est la capitale d'État la plus isolée d'Australie. Elle est située sur la rivière Swan, à 10 km de l'océan Indien. Un des côtés de la ville est bordé de vastes plages; l'intérieur compte de nombreux parcs.

Melbourne

Melbourne, sur la côte sud, est une ville où se pratique un grand choix de sports et d'activités de plein air. Tu peux visiter cette ville, un mélange d'imposants gratte-ciel et d'immeubles du XIXe siècle, en prenant un ancien tram. Dans les environs se trouvent des sites naturels d'une grande beauté, comme l'île Philip, la Yarra Valley et les contreforts du Dandenong.

Brisbane

Sur la côte est, Brisbane est entourée d'une banlieue verte et vallonnée. Le centre-ville présente un mélange d'immeubles modernes en verre et en acier et d'immeubles du XIXe siècle. Au centre-ville se trouve un quartier chinois très animé, où vit une importante communauté asiatique.

Visiter Sydney

Emma et Andrew habitent Sydney en Nouvelle-Galles-du-Sud. Leurs cousins canadiens vont venir leur rendre visite et, à cette occasion, ils ont écrit un guide pour leur conseiller ce qui est à voir.

Circular Quay

Mon quartier préféré est Circular Quay. C'est le le plus ancien; il date de 1788, l'année où ont accosté les premiers bateaux de prisonniers en provenance de Grande-Bretagne. Nous allons parfois à l'Opéra, qui abrite des théâtres et des salles de concert. Il se trouve sur Bennelong Point, une pointe qui s'avance dans la baie.

Le Royal Botanic Gardens

À Sydney se trouve un grand parc, le Royal Botanic Gardens. Créé en 1816, il comporte deux serres qui abritent des systèmes tropicaux miniatures. Nous vous emmènerons dans les jardins privés du Gouverneur qui sont maintenant ouverts au public. On y écoute des concerts en plein air. Nous pourrons pique-niquer!

Le sais-tu?

L'Opéra de Sydney en quelques chiffres :

Il accueille 3000 manifestations par an. Son public s'élève à deux millions de personnes par an. Son toit est fait de plus d'un million de tuiles.

Darling Harbour

On vous emmènera aussi à Darling Harbour visiter l'immense aquarium et marcher dans un tunnel sous-marin transparent avec des poissons de toutes les couleurs qui nagent autour de nous. Il y a aussi un écran de cinéma géant, le plus grand que nous connaissons, et un jardin chinois avec un bassin plein de magnifiques poissons.

Sydney Harbour Bridge

Le Sydney Harbour Bridge, terminé en 1932, est un monument très visité. Les touristes peuvent marcher sur l'arche du pont. La vue est fantastique. Sydney est une ville grouillante d'activité, très animée dans la journée avec les gens qui travaillent ou qui font du magasinage et, le soir, avec ceux qui vont au restaurant ou au théâtre.

La Grande Barrière de corail

Histoire de la Grande Barrière de corail
C'est une merveille naturelle au large des côtes du Queensland, le plus grand récif corallien du monde. Le **corail** date de 500 millions d'années au moins.

La Grande Barrière a commencé à s'édifier il y a environ 18 000 ans, pendant la dernière ère glaciaire. Des visiteurs du monde entier viennent ici pour faire de la plongée sous-marine ou regarder les récifs coralliens à travers le fond transparent d'un bateau-promenade. Plus de 2 000 espèces de poissons et d'innombrables espèces de coraux, durs ou tendres, vivent dans ces eaux.

▼ *Le récif corallien est un écosystème fragile.*

▼ *Des bancs de poissons coralliens de toutes les couleurs de l'arc-en-ciel*

Quand Scott est allé voir son ami Tom à Cairns, le père de Tom les a emmenés sur la Grande Barrière de corail. Scott a écrit à ses parents pour leur raconter.

J'aimerais que vous soyez ici avec moi. Nous sommes montés dans un bateau à fond transparent et nous avons vu des poissons et des coraux. Nous avons aperçu un grand banc de chauves-souris de mer qui vivent en colonies. Il y avait beaucoup de petits poissons colorés et une murène qui devait mesurer au moins deux mètres. Mieux encore, nous avons pu plonger deux fois avec un masque et un tuba. C'est fantastique d'être dans l'eau, si près des poissons. Hier, une raie manta nous a frôlés.

Papa, maman
et Chloé
34, rue du Rempart
Rimouski (Québec)
G9K 0Z2
CANADA

▼ Les plongeurs doivent veiller à ne pas toucher le corail afin de ne pas l'abîmer.

Voyager le long du fleuve Murray

La source du fleuve

Le Murray est le plus grand fleuve d'Australie et un indispensable pourvoyeur d'eau. La **source** du fleuve se situe près du mont Kosciusko dans les Snowy Mountains qui font partie des Alpes australiennes. Le fleuve s'est asséché au moins trois fois. Il traverse la ville d'Adélaïde et se jette dans la Grande Baie australienne.

La partie supérieure du fleuve

Dans sa partie supérieure, le fleuve traverse les montagnes orientales; il coule vers l'ouest et le nord-ouest, formant un grand morceau de frontière avec les États de Nouvelle-Galles-du-Sud et de Victoria. Dans sa partie centrale, il traverse une plaine inondable où il est rejoint par un grand nombre d'**affluents**.

▼ Un bateau à roues sur le fleuve Murray

Domestiquer l'eau

Le fleuve Murray contribue à l'alimentation en eau potable et à l'**irrigation** des régions qu'il traverse. La River Valley Commission créée en 1915 est chargée du développement du programme d'aménagement **hydroélectrique** et du contrôle de la qualité et de la consommation de l'eau.

Histoire du fleuve

Les bateaux à roues ont joué un grand rôle dans l'établissement de zones de **peuplement** le long du Murray. Ils assuraient le transport des marchandises. Un ex-prisonnier, Henry Hopwood, a mis en place un service de traversiers à Echuca dès 1835. Par la suite, Echuca est devenu le premier port intérieur d'Australie.

Aujourd'hui, grâce à son histoire, la ville est devenue une destination touristique particulièrement prisée. Des fiacres parcourent les rues et des bateaux à roues naviguent sur le fleuve afin de donner aux visiteurs un aperçu de la vie sur le fleuve et sur ses rives.

Pour l'école, Drew prépare un exposé sur l'histoire du fleuve Murray.

L'eau du Murray a commencé à servir à l'irrigation en 1887, quand les frères canadiens William et George Chaffey se sont établis dans la ville de Mildura où ils ont installé un système d'irrigation. Mildura est devenue une ville moderne entourée de vignobles, de champs d'oliviers et d'agrumes.

La Barossa Valley

La Barossa Valley est la région vinicole la plus importante d'Australie-Méridionale. Elle se trouve à 48 km au nord-est de la ville d'Adélaïde, dans le massif du mont Lofty.

Histoire de la Barossa Valley

La région a été peuplée en 1842 par des immigrants allemands qui ont fondé les villages de Tanunda, Lyndoch et Light's Pass. Ce climat idéal – hivers pluvieux et étés chauds – leur a permis de cultiver la terre et de faire d'excellentes récoltes. La vigne est rapidement devenue la principale culture, et la région s'est couverte de nombreux vignobles.

▲ Beaucoup de caves de vinification permettent d'assister à la fabrication du vin

Les attractions touristiques

Si tu voyages dans cette région, tu te rendras compte que l'influence allemande est toujours très présente, comme en témoignent le style des bâtiments, les noms des villages, la nourriture, la musique et les fêtes.

Certaines grandes caves sont ouvertes au public. Le Collingrove Homestead à Anguston est maintenant devenu la propriété du National Trust. Cet établissement créé en 1856 a été conservé en l'état pour montrer ses aménagements d'origine.

▼ Une vue des vignobles de la Barossa Valley

▲ Cette église luthérienne se trouve à Hahndorf, village qui doit son nom à Dirk Hahn, le capitaine du premier bateau de colons.

Pour son anniversaire, Anna a visité Hahndorf. Elle raconte sa journée dans son journal.

Mon arrière-grand père a passé son enfance en Allemagne avant d'émigrer en Australie-Méridionale. Les premiers colons sont arrivés à Hahndorf en 1838, sur un navire appelé *Le Zèbre*. J'aime bien ces maisons de style allemand. Les boutiques vendent des produits alimentaires allemands, des cadeaux et des bonbons. J'ai fait une promenade en fiacre. J'ai beaucoup aimé l'ambiance de ce village et j'ai essayé d'imaginer comment était la vie du temps des premiers colons.

Alice Springs et Uluru

Alice Springs

Alice Springs est la principale zone de peuplement dans le « Centre Rouge », une vaste zone de désert et de montagnes rocheuses dans le Territoire du Nord. En 1871, elle devient un relais pour la ligne télégraphique terrestre et reçoit le nom de l'épouse du constructeur de la ligne, Alice Todd.

Alice Springs doit attendre les années 1940 pour être desservie par une route goudronnée. Aujourd'hui, le train et la **Stuart Highway**, une grande route transcontinentale, en ont fait une ville-étape pour le transport du bétail et du minerai.

Une région touristique

Alice Springs est une ville qui attire beaucoup de touristes – 400 000 personnes par an environ. Tu peux aller visiter le Musée de l'Australie centrale, des bâtiments datant des premiers colons et l'unique cave à vins du centre de l'Australie, le Château Nornsby.

Uluru

Les gens qui viennent visiter Alice Springs se rendent presque toujours au parc national d'Uluru-Kata Tjuta où se trouve un des plus célèbres sites d'Australie, Uluru (le nom aborigène d'Ayers Rock). C'est un bloc rocheux de forme ovale qui mesure 3,6 km de long et 2 km de large. Des grottes peu profondes, sacrées pour les **Aborigènes**, sont creusées dans la base de la roche.

Elles renferment des sculptures et des peintures murales. Certains sites sacrés sont clôturés.

Les Aborigènes

Uluru joue un rôle important dans la culture des Aborigènes Anangu. En 1985, ils ont été officiellement reconnus propriétaires de ce site.

▼ *Uluru s'élève à 335 m au-dessus du désert.*

▲ En 2004, la ville de Darwin est devenue une étape du train *The Ghan* qui part d'Adélaïde.

▶ Cette peinture rupestre aborigène est vieille de 4000 ans.

Les Aborigènes

L'histoire des Aborigènes

Les Aborigènes sont les premiers habitants de l'Australie et leur histoire remonte à 40 000 ans. Quand les Européens ont installé leur domination sur l'Australie, beaucoup d'Aborigènes ont été tués lors des combats qui se sont déroulés dans tout le pays.

Dans les années 1850, les Aborigènes ont été parqués dans des **réserves**. Le peuple aborigène représente 1, 6 % de la population australienne. Depuis peu de temps seulement, leurs droits sont véritablement reconnus et une partie de leurs terres leur a été rendue.

Les boomerangs

Traditionnellement, les Aborigènes étaient un peuple de chasseurs nomades. Ils utilisaient des bâtons spéciaux

appelés boomerangs qui leur servaient d'arme de jet mais aussi de jouet et même de tisonnier. Au fil du temps, l'objet a changé de forme; il s'est incurvé de telle sorte qu'une fois lancé, il revient à son point de départ. Beaucoup de boomerangs sont décorés de dessins racontant des histoires et des mythes.

Le Temps du rêve

La culture des Aborigènes est fondée sur le « Temps du rêve », des histoires qui sont, à l'origine, des mythes sur la création du monde. Les Aborigènes croient que des créatures géantes appelées « ancêtres de la création » ont créé le monde avec leurs mouvements.

Les enfants aborigènes

La plupart des enfants aborigènes vont à l'école. La culture aborigène fait aujourd'hui partie du programme scolaire.

▲ Les jeunes enfants aborigènes surfent sur Internet pour étudier et s'amuser.

▲ Boomerang signifie « bâton à jeter ».

Namatjira fréquente une petite école de campagne. Voici un extrait de son journal.

◄ Les galeries d'art, notamment australiennes, sont très demandeuses d'art aborigène. On voit ici une peinture sur écorce.

Nous avons exécuté une danse pour des visiteurs de notre école. Elle racontait l'histoire d'un serpent qui créait des terres plates grâce à ses mouvements de reptation. Nous leur avons parlé du Temps du rêve et nous leur avons dit comment nous avions exprimé les humeurs de la nature dans notre danse. J'espère que ça leur a plu.

Glossaire

Aborigènes
premiers habitants de l'Australie

affluent
fleuve ou rivière qui se jette dans
un autre, en général plus gros

continent
une des sept grandes étendues
de terre limitées par un ou plusieurs
océans : Afrique, Asie, Océanie,
Antarctique, Amérique du Nord,
Amérique du Sud et Europe.

corail
squelette calcaire coloré de petits
animaux marins

écosystème
unité écologique de base formée
par les créatures vivantes et leur
environnement

hydroélectrique (énergie)
électricité fabriquée à partir de
l'énergie fournie par les cours et les
chutes d'eau

intérieur
étendue de terre éloignée des côtes

irrigation
arrosage artificiel des terres obtenu en
faisant dévier les eaux douces, en
général pour permettre l'agriculture

marsupiaux
mammifères qui portent leurs petits
dans une poche

mousson
pluies torrentielles qui surviennent
souvent dans les pays chauds

peuplement (zone de)
lieu où se sont installées des personnes
parties d'un même pays pour y fonder
une communauté

plaine
vaste étendue de terre plate moins
élevée que les terres environnantes

plateau
vaste étendue de terre généralement
plate qui domine les environs

réserve
territoire public réservé aux
Aborigènes dans les pays où ils ont été
presque exterminés

source
point de départ d'une rivière ou d'un
fleuve

Stuart Highway
grande route qui traverse tout le pays
en passant par Alice Springs. Porte le
nom de l'explorateur John McDougall
Stuart

tropical
climat chaud et humide

Index

Aborigènes 7, 24, 25, 26–27, 28
Adélaïde 14, 20
affluent 20, 28
Alice Springs 24, 25
araignée 10
Australie-Méridionale 6, 14
Australie-Occidentale 6, 13
Ayers Rock (Uluru) 24-25

Barossa Valley 22-23
Blue Mountains 7
boomerang 26, 27
Brisbane 15
bush 10, 11

Canberra 5, 14
capitale 5, 14
carte 4, 20
cave de vinification 22-23, 24
climat 5, 8-9
continent 5, 6, 28
Cordillère Australienne 7, 8
crocodile 10

Darling, fleuve 5
Darwin 12, 25
désert 6, 8
détroit de Bass 5
diamant 7
drapeau 5

Grand Bassin artésien 7
Grande Baie australienne 20
Grande Barrière de corail
18-19

Hahndorf 23
Echuca 21
écosystème 10, 16, 28
énergie hydroélectrique 21, 28

espérance de vie 5
État 14, 20

faune et flore 10-11

immigrant allemand 22, 23
intérieur 8, 12, 28
irrigation 21, 28

kangourou 10, 11
koala 10, 11
Kosciusko, mont 5, 20

langue 5
littoral 5

marsupial 10
médecin volant 12
Melbourne 15
Mildura 21
Molonglo, fleuve 14
montagne 5, 7, 20
mousson 8, 28
Murray, fleuve 5, 7, 20-21

Nouvelle-Galles-du-Sud 6, 14, 16

parc national de Kakadu 7
peinture rupestre 7, 24
situation 5

station d'élevage 6, 7

opale 7
outback 6

Perth 15
plaine 13, 14, 28
plateau 7, 28
population 5, 6

Queensland 7

religion 5
reptile 10
réserve 26, 28
route 13

Snowy Mountains 20
Stuart Highway 24, 28
Swan, rivière 15
Sydney 16-17

Tasmanie 5
Temps du rêve 27
Territoire du Nord 6
train 12-13, 24, 25

Uluru 24-25

Victoria 6
voyage 12-13
voyage en avion 12, 13

zone de peuplement 12, 21,
23, 28

Idées d'activités pour les enfants

Les activités suivantes développent l'approche « enquête » géographique et contribuent à promouvoir la réflexion et la créativité. Les activités de la section A sont conçues pour aider les enfants à développer une réflexion d'ordre supérieur, basée sur la taxinomie de Bloom. Les activités de la section B sont conçues pour promouvoir différents types d'apprentissage basés sur la théorie des intelligences multiples de Howard Gardner.

A : ACTIVITÉS VISANT À DÉVELOPPER LA RÉFLEXION

ACTIVITÉS VISANT À PROMOUVOIR LA RECHERCHE ET LE SOUVENIR DES FAITS

Demander aux enfants de :

• dresser une liste de tout ce qu'ils savent sur l'Australie, puis d'examiner ces listes plus tard pour en vérifier l'exactitude.

• étudier la vie à l'intérieur de l'Australie – comment gérer la chaleur, la conservation de l'eau, le tourisme croissant et les grandes distances.

ACTIVITÉS VISANT À PROMOUVOIR LA COMPRÉHENSION

Demander aux enfants de :

• décrire les changements de climat entre les différentes zones côtières au nord, à l'est, au sud et à l'ouest.

• décrire la différence qui existe entre la vie dans un ranch de l'outback où on élève des moutons et la vie dans une ville côtière.

ACTIVITÉS VISANT À PROMOUVOIR LA CAPACITÉ À RÉSOUDRE LES PROBLÈMES

Demander aux enfants de :

• décider comment traverser sans risque une rivière infestée de crocodiles.

ACTIVITÉS VISANT À FAVORISER LA RÉFLEXION ANALYTIQUE

Demander aux enfants de :

• débattre de la meilleure façon de voyager dans le pays, dans l'intérieur ou dans une ville.

• écrire un poème chantant la grandeur de l'Australie, essayant de rendre la sensation d'espace à l'intérieur du pays et de grouillement dans les villes.

ACTIVITÉS VISANT À PROMOUVOIR LA CRÉATIVITÉ

Demander aux enfants de :

• décrire les couleurs des régions de l'Australie par la peinture ou le collage : les régions côtières, la forêt tropicale et l'intérieur aride.

• composer une séquence de rêve aborigène mimée.

ACTIVITÉS VISANT À AIDER LES ENFANTS À SE FORGER UNE OPINION ET ÉVALUER LES CONSÉQUENCES DES DÉCISIONS

Demander aux enfants de :

• discuter de ce que le tourisme apporte à la Grande Barrière de corail ou à Uluru.

• discuter des droits et des traditions des Aborigènes.

B : ACTIVITÉS BASÉES SUR DIFFÉRENTS TYPES D'APPRENTISSAGE

ACTIVITÉS POUR UN APPRENTISSAGE DE LA LANGUE

Demander aux enfants de :

• écrire une liste d'instructions pour quelqu'un qui souhaite voyager en Australie avec un sac à dos pour seul bagage.

• écrire un poème illustrant la grandeur et la complexité du pays.

ACTIVITÉS POUR UN APPRENTISSAGE LOGIQUE ET MATHÉMATIQUE

Demander aux enfants de :

• commenter les différences d'heures entre l'Australie et les autres pays.

• identifier une région et dresser une liste de ses principales caractéristiques.

ACTIVITÉS POUR UN APPRENTISSAGE VISUEL

Demander aux enfants de :

• situer des villes ou des sites spécifiques sur une carte d'Australie.

• concevoir une affiche ou un dépliant pour inviter les touristes à visiter le pays ou une de ses régions.

• concevoir un menu pour un barbecue.

ACTIVITÉS POUR UN APPRENTISSAGE KINESTHÉSIQUE

Demander aux enfants de :

• choisir des matériaux pour représenter un aspect connu de l'Australie.

ACTIVITÉS POUR UN APPRENTISSAGE MUSICAL

Demander aux enfants de :

• composer une chanson, un air ou des figures de rap pour célébrer la venue de la pluie dans une zone aride.

• apprendre à chanter une chanson folklorique australienne.

ACTIVITÉS POUR UN APPRENTISSAGE INTERPERSONNEL

Demander aux enfants de :

• travailler en groupe pour présenter un aspect de la vie australienne.

• travailler en groupe pour mettre au point un sketch ou une courte pièce sur l'installation de pionniers en Australie.

ACTIVITÉS POUR UN APPRENTISSAGE INTRAPERSONNEL

Demander aux enfants de :

• décrire leurs sentiments en imaginant qu'ils sont perdus dans l'outback.

• regarder des photos de différentes régions et décrire l'environnement.

ACTIVITÉS POUR UN APPRENTISSAGE NATURALISTE

Demander aux enfants de :

• préparer une discussion sur le thème du tourisme : faut-il ou non le limiter?

La collection de livres **Voyages autour du monde** propose une information actualisée et pluridisciplinaire (géographie, lecture, écriture, calcul, histoire, éducation religieuse, citoyenneté). Elle permet aux enfants d'avoir une vue d'ensemble de chaque pays et des éléments qui reflètent la grande diversité des modes de vie et de culture.

Elle vise à prévenir les préjugés et les stéréotypes qui ne manquent pas de surgir quand une étude se focalise trop rapidement sur une petite localité à l'intérieur d'un pays. Elle aide les enfants à forger cette vue d'ensemble et aussi à comprendre l'interconnexion des différents lieux. Elle contribue également à enrichir leurs connaissances géographiques et à leur faire comprendre le monde qui les entoure.